Selbstwert

Selbstwertgefühl & Selbstwert stärken, steigern & aufbauen

Wieder glücklich sein & selbstbewusst für mehr Zufriedenheit mit sich selbst

Ratgeber Buch

Inhaltsverzeichnis

Selbstwert - So können Sie ihn stärken, steigern und aufbauen

In diesem Ratgeber zeigen und erklären wir Ihnen, wie Sie Ihren Selbstwert aufbauen können. Ebenso zeigen wir Ihnen, was Sie tun können, um dieses danach zu steigern und auch zu stärken.

Natürlich erklären wir Ihnen, was Selbstwert überhaupt bedeutet und welche Arten von Selbstwert es gibt. Gleichzeitig erfahren Sie in welchen Bereichen des Lebens ein gewisser Selbstwert benötigt wird und wie dieser beeinflusst werden kann.

Nachdem Sie dieses Buch gelesen haben, sind Sie in der Lage selbst einzuschätzen, wie es um Ihren persönlichen Selbstwert steht und woran Sie arbeiten können.

Was ist Selbstwert?

Der Selbstwert wird oft mit dem Selbstbewusstsein und dem Selbstvertrauen verwechselt. Allerdings handelt es sich bei dem Selbstwert um die Grundlage für ein Selbstbewusstsein und ein Selbstvertrauen. Ohne den Selbstwert können diese Eigenschaften nicht erlernt und aufgebaut werden.

Der Selbstwert ist daher der „Wert", den man von sich persönlich hat. Nicht was andere von einem halten, sondern wie die eigene Einschätzung ist und was man über sich selbst denkt. Der Selbstwert kann sich daher auf die eigene Persönlichkeit, das Aussehen oder den Lebensstil beziehen.

Das ist auch der Grund, warum jeder einen anderen Selbstwert hat.

Einige Personen haben einen hohen Wert von sich selbst, andere besitzen nur ein geringes Selbstwertgefühl. Genauso kann das Selbstwertgefühl auch stabil oder instabil sein, je nach Gefühlslage.

Wenn Sie ein gesundes Selbstwertgefühl haben, dann haben Sie nicht nur Ihre eigenen Werte erkannt, sondern schätzen diese auch. Gleichzeitig können Sie sich auf Ihr Urteil verlassen und wissen, welche Entscheidungen Sie treffen müssen.

Bei einigen Personen ist es sehr leicht zu erkennen, wie hoch der Selbstwert ist.

So zeigen sie einem sehr deutlich, dass sie einen hohen Wert von sich selbst haben, andere verstecken es eher bzw. zeigen es nicht so deutlich und bei anderen erkennt man sehr leicht, dass es ihnen an Selbstwertgefühl fehlt.

Der Selbstwert spiegelt sich, wie Sie sicher erkannt haben, sehr leicht in dem Auftreten und der Art einer Person wider. Dies kann es Ihnen leichter machen auf eine fremde Person zuzugehen, da Sie im Vorfeld erahnen können, wie Sie mit der betreffenden Person umzugehen haben.

Sie werden zwar mit einem gewissen Selbstwertgefühl geboren, doch um diese Eigenschaft weiter auszubauen und beizubehalten muss man einige Punkte beachten. So kann es aber auch passieren, dass durch bestimmte Lebenssituationen der Selbstwert verloren geht und irgendwann nicht mehr vorhanden ist.

Sollte dies bei Ihnen der Fall sein, müssen Sie sich diese Eigenschaft neu antrainieren.

Das Positive an dem Selbstwert ist es, dass jeder diese Eigenschaft erlernen kann und in seinen Alltag einbauen sollte.

Es gibt viele Bereiche, in denen Ihnen ein guter Selbstwert helfen kann, bestimmte Situationen zu meistern. Sie sollten aber auch auf einige Punkte achten, damit Sie diese Eigenschaft nicht wieder verlieren.

Was ist ein negativer Selbstwert?

Jeder hat eine individuelle Persönlichkeit. Daher ist der Selbstwert auch bei jedem Menschen anders. Einige haben ein sehr ausgeprägtes Selbstwertgefühl, andere sind sich über Ihren eigenen Wert nicht bewusst.

Gerade bei solchen Menschen kann es zu einem negativen Selbstwert kommen. Wenn Sie ebenfalls zu den Personen mit einem geringen Selbstwertgefühl gehören, dann werden Sie häufig von einem Minderwertigkeitsgefühl geplagt.

Dies kann sich darin zeigen, dass Sie sich wertlos fühlen oder das Gefühl haben nicht gut genug zu sein.

Ein negativer Selbstwert zeigt sich häufig an einem gestörten Körpergefühl. Natürlich hat jeder etwas an seinem Körper auszusetzen.

Aber bei einem negativen Selbstwert zeigt sich das besonders darin, dass Sie Ihren Körper nicht so wahrnehmen, wie er in Wirklichkeit ist. Es kann beispielsweise sein, dass Sie Stellen an Ihrem Körper zu unförmig finden, obwohl diese die richtigen Proportionen aufweisen.

Oder Sie finden sich selbst zu groß oder zu klein und sind mit Ihrem Aussehen und Ihrem Körperbau nicht zufrieden, obwohl daran nichts auszusetzen ist.

Besonders wenn es um Anerkennung geht, kann ein negativer Selbstwert deutlich zu erkennen sein. So fühlen Sie sich jeglicher Anerkennung unwürdig und können auch mit Komplimenten nicht umgehen. Sie weisen oder lehnen diese automatisch ab, ohne darüber nachzudenken.

Sie können nicht nachvollziehen, was eine andere Person an Ihnen gut finden könnte, da Sie sich selbst nicht schätzen.

Gleichzeitig werden Ihre Gedanken darüber nicht geändert, sondern Sie halten an Ihrem Standpunkt und Ihrem Empfinden fest, auch wenn Ihnen des Öfteren Komplimente gemacht werden. Im schlimmsten Fall gehen Sie sogar davon aus, dass Sie von den Personen belogen werden.

Personen, die sehr schüchtern sind, haben meistens auch einen negativen Selbstwert, da Ihnen das Vertrauen in Ihre Person fehlt und sie sich lieber zurückhalten.

Wenn Sie ebenfalls schüchtern sind, können Sie häufig an sich selbst feststellen, dass Sie von Scham und Schuldgefühlen anderen gegenüber geplagt werden.

So fällt es Ihnen beispielsweise schwer, eine Bitte abzuschlagen oder einen Gefallen nicht zu erfüllen.

Sie können schwer auf andere zugehen und fühlen sich unwohl, wenn Sie von anderen angesprochen werden. Es fällt Ihnen bei einem negativen Selbstwert ebenfalls schwer, anderen gegenüber eine Bitte oder einen Gefallen zu äußern.

Sie haben dadurch das Gefühl anderen zur Last zu fallen oder es fällt Ihnen im Allgemeinen schwer, mit anderen ein Gespräch anzufangen.

Bei einem negativen Selbstwert ist es auch sehr schwer für Sie in einem Gespräch Positives mitzunehmen. Es kommt häufig vor, dass Sie sich angegriffen fühlen, obwohl Ihr gegenüber nur seine Meinung geäußert hat, die nicht böswillig gemeint war.

In Gesprächen haben Sie daher häufig das Gefühl, dass alle einer anderen Meinung sind als Sie und Sie nichts zu dem Gespräch beitragen können.

Für Personen mit einem negativen Selbstwert ist es schwer im Alltag mit bestimmten Situationen klarzukommen. Sie trauen sich nicht mit anderen in ein Gespräch zu kommen und möchten am liebsten schnell wieder in Ihre gewohnte Umgebung zurück.

Aber auch der soziale Kontakt kann bei Personen mit einem negativen Selbstwert leiden. Denn nicht jeder kann mit dieser Art umgehen und es lässt sich auch nur sehr schwer Kontakte knüpfen. Bis der negative Selbstwert bei bekannten Personen etwas positiver wird, dauert einige Zeit und erfordert nicht nur von der Person selbst, sondern auch von den Personen in seiner Umgebung sehr viel Zeit und vor allem Durchhaltevermögen.

Durch einen geringen Selbstwert sind für Sie
nur Ihre Fehler und Schwächen wichtig. Sie
haben Probleme damit, einen schönen Moment
zu genießen und denken immer erst über das
Schlechte nach.

Gleichzeitig fällt es Ihnen schwer, das Gute in
anderen zu sehen. Wenn Ihnen jemand etwas
Gutes tun möchte, fällt es Ihnen schwer sich
darüber zu freuen, denn Sie denken direkt,
dass diese Person Hintergedanken hat und dies
nicht aus freiem Willen für Sie tun würde.

Sie beziehen bei einem geringen Selbstwert
alles auf sich. Wenn eine Person beispielsweise
ein Treffen absagt, dann kommt bei Ihnen
direkt der Gedanke, es liegt an Ihnen.

Egal, aus welchem Grund die Person abgesagt
hat, auch wenn es plausibel und verständlich
ist.

Durch die Ablehnung, die Sie bereits im Vorfeld erwarten, denken Sie direkt daran, dass Sie etwas falsch gemacht haben könnten, oder das die betreffende Person ein Problem mit Ihnen hat. Sie suchen nach Beweisen, die belegen können, dass das Urteil über Sie selbst unterstützt.

Bei dem Umgang mit Personen, die einen negativen Selbstwert haben, ist es wichtig, dass diese nicht zu viele Enttäuschungen erleben und auf einen zählen können.

Sie sollten einer Person mit einem negativen Selbstwert zeigen, dass er Ihnen wichtig ist und dies häufiger als Sie es vermuten. Meistens fehlt es diesen Personen an positiven Erfahrungen, die das eigene Urteil widerlegen können.

Was ist positiver Selbstwert?

Wenn es einen negativen Selbstwert gibt, dann muss es natürlich auch einen positiven geben. Wenn Sie zu denjenigen gehören, die einen positiven Selbstwert haben, dann fallen Ihnen bestimmte Situationen leichter und Sie können Ihren Alltag etwas erleichtern.

So haben Sie den Vorteil offen auf vieles einzugehen, da Sie sich gerne neuen Aufgaben stellen. Sie bekommen dadurch die Möglichkeit vieles auszuprobieren und haben auch keine Angst davor, wenn Sie es nicht schaffen.

Sie versuchen sich auch Herausforderungen zu stellen, da Sie sich vieles zutrauen und dadurch unterschiedliche Aufgaben erfüllen können. Ihr Leben bekommt dadurch eine gewisse Abwechslung und Sie haben Spaß daran.

Im Job oder auch im Alltag fällt es Personen, die einen positiven Selbstwert haben, auch leichter bestimmte Situationen einzuschätzen. Wenn Sie ebenfalls zu dieser Personengruppe gehören, dann haben Sie keine Schwierigkeiten zu Ihren Schwächen und Ihren Fehlern zu stehen.

Dadurch kommen Sie nicht in die Situation, überfordert zu sein oder sich zu viel zuzumuten. Sie geben offen und ehrlich zu, wenn Ihnen etwas zu viel wird und holen sich gegebenenfalls Hilfe.

Durch Ihr sicheres Auftreten können Sie andere besser einschätzen und Sie haben den Vorteil schnell Kontakte zu knüpfen oder mit anderen in ein Gespräch zu kommen.

Sie haben auch eine besondere Wirkung auf andere und diese verbringen gerne Zeit mit Ihnen.

Ihr sicheres Auftreten sorgt auch dafür, das Sie ernst genommen werden und Ihre Meinung akzeptiert wird. Diese Meinung geben Sie offen zu und stehen auch zu dieser. Sie lassen sich aber auch gerne von dem Gegenteil überzeugen, wenn die Argumente zeigen, dass Ihre Meinung oder Ihre Kenntnis falsch ist. Allerdings muss dies für Sie begründet sein.

Durch Ihren positiven Selbstwert haben Sie auch keine Schwierigkeiten Komplimente anzunehmen oder weiterzugeben.

Sie wissen genau, was Ihnen gefällt und Ihr eigenes Körpergefühl ist sehr positiv. Sie schämen sich auch nicht für bestimmte Dinge, sondern stehen zu Ihren taten oder Ihrem Aussehen.

Durch die offene Art einer Person mit einem positiven Selbstwert können bestimmte Situationen besser gemeistert werden.

So haben diese Personen keine Schwierigkeiten andere in ein Gespräch zu verwickeln oder anderen aus einer misslichen Lage zu helfen.

Wenn Sie einen positiven Selbstwert haben, dann ist Ihnen sicher auch schon aufgefallen, dass andere in Ihrer Umgebung davon beeinflusst werden.

So können Personen mit einem niedrigen Selbstwertgefühl in Ihrer Nähe ein höheres Selbstwertgefühl bekommen. Das liegt daran, dass Sie eine Sicherheit ausstrahlen, die bei anderen dazu führt, den eigenen Selbstwert zu steigern.

Wie Sie an diesen kurzen Beispielen gesehen haben, ist der Selbstwert in vielen Situationen des Lebens wichtig. Im nächsten Absatz gehen wir etwas näher darauf ein, was der Selbstwert in dem eigenen Leben alles bewirken kann. Ob positiv oder negativ.

Wie wirkt sich der Selbstwert auf das eigene Leben aus?

Der Selbstwert hat einen sehr großen Einfluss auf das eigene Leben. So können Entscheidungen besser und schneller getroffen werden oder Situationen und Aufgaben können Sie eventuell besser einschätzen und erledigen.

So können Ihre negativen Gedanken bei einem geringen Selbstwert, das eigene Vertrauen sehr stark beeinflussen. Denn durch wenig Vertrauen in sich selbst, kann es für Sie schwer werden sich neuen Aufgaben und Situationen zu stellen.

Dadurch kann es vorkommen, dass Sie sich nur sehr wenig zutrauen oder sich nicht trauen Herausforderungen anzunehmen.

Dadurch, dass Sie Kritik sehr ernst nehmen und dies sehr nah an sich heranlassen, kann es passieren, dass Sie sich noch viel weniger zutrauen, da Sie denken Ihre Arbeit sei nicht gut genug und könnte andere enttäuschen.

Durch Ihren geringen Selbstwert lassen Sie sich auch sehr leicht verunsichern, was es Ihnen im Alltag erschweren, kann eigene Entscheidungen zu treffen und zu diesen Entscheidungen zustehen.

Wenn Sie allerdings einen hohen Selbstwert haben, werden Sie merken, dass Ihr Leben positiv beeinflusst wird.

So haben Sie es leichter, mit anderen und vor allem auch mit fremden Personen in ein Gespräch zu kommen und sind sehr kontaktfreudig. Dies kann Ihnen besonders während Ihrer Arbeit weiterhelfen.

Denn dadurch können beispielsweise Vorstellungsgespräche besser geführt werden und Ihnen kann auch während der Arbeitszeit viel zugetraut und Verantwortung gegeben werden.

Durch Ihren hohen Selbstwert werden Sie von anderen positiv wahrgenommen und es fällt auch anderen leichter, auf Sie zuzugehen.

Gleichzeitig ist es für Sie auch nicht wichtig, was andere von Ihnen denken, denn Sie wissen, welche Vorzüge Sie haben und müssen dies nicht durch andere bestätigt bekommen.

Dabei kann Ihnen der eigene Selbstwert sehr helfen, denn dieser sorgt dafür, dass Sie eine emotionale Stärke haben und sich nicht so viele Gedanken darüber machen, was andere von Ihnen halten. Sie gehen sicher durch Ihr eigenes Leben.

Im Gegensatz zu einem hohen Selbstwert kann ein geringer Selbstwert dazu führen, dass Sie öfters von anderen ausgenutzt werden. Dadurch, dass es Ihnen schwerfällt „Nein" zu sagen, kann es vorkommen, das viele mit Bitten auf Sie zukommen.

Obwohl es vielleicht nicht zu Ihrem Aufgabenbereich auf der Arbeit gehört, führen Sie diese Bitte aus und setzten sich dadurch selbst unter Druck, um gleichzeitig noch Ihre eigenen Aufgaben zu erfüllen.

Aber auch im privaten Bereich kann es sicherlich vorkommen, dass andere Ihren geringen Selbstwert ausnutzen und in Ihrer Gegenwart viele Gefallen und Bitten äußern, die Sie nicht abschlagen möchten.

Auch wenn andere Personen in Ihrer Umgebung dies eventuell nicht böswillig ausnutzen, müssen Sie in solchen Situationen wirklich vorsichtig sein, dass Sie nicht aufgrund Ihres geringen Selbstwertes ausgenutzt werden.

Ausgenutzt zu werden, kann bei Ihnen dazu führen, dass Sie nicht nur seelische Schäden davon tragen, sondern dass Ihr Selbstwert immer weiter sinkt. Seien Sie daher vorsichtig und versuchen Sie nicht zu viele gefallen zu erfüllen, sondern schauen Sie, ob Sie diese wirklich ausführen möchten und auch körperlich sowie seelisch dazu in der Lage sind.

Durch einen geringen Selbstwert kann es vorkommen, dass Sie unter Ihren Möglichkeiten bleiben. Dies führt wiederum dazu, dass Sie sich in Ihren Leben unwohl fühlen. Es gibt viele Dinge in Ihrem Leben, die den eigenen Selbstwert beeinflussen können. Dadurch kann Ihr Selbstwert steigen oder sinken. Es ist für Sie natürlich wichtig herauszufinden, welche Bereiche in Ihrem Leben für Ihren Selbstwert wichtig sind.

So können Sie dafür sorgen, dass Ihr
Selbstwert steigen kann.

Welche Bereiche damit gemeint sind, erfahren
Sie im nächsten Kapitel.

Was beeinflusst den eigenen Selbstwert?

Es gibt viele Dinge über die sich "Ich" Menschen definieren. So ist es auch beim Selbstwert. Dieser wird durch viele Dinge im Leben beeinflusst.

So kann der eigene Selbstwert beispielsweise durch den Körper beeinflusst werden. Wenn Sie sich in Ihrem Körper nicht wohlfühlen und viel über Ihre sogenannten Problemzonen nachdenken, kann dies Ihren Selbstwert sehr stark negativ beeinflussen.

Genauso ist es auch anderes herum. Wenn Sie sich in Ihrem Körper wohlfühlen, kann Ihr Selbstwert dadurch steigen. Auch wenn Sie eventuell Problemzonen haben, stehen Sie zu diesen und haben Sie kein Problem damit.

So kann sogar Ihr eigener Körper dazu führen, dass Sie einen positiven oder negativen Selbstwert haben.

Aber auch Ihre Umgebung kann viel Einfluss auf Ihren Selbstwert haben. So können auch Freundschaften dafür sorgen, dass Ihr Selbstwert hoch oder niedrig ist. Hier sollten Sie darauf achten, inwieweit Sie sich dadurch beeinflussen lassen möchten und wie viel Ihnen selbst guttut. Bei guten und besonders echten Freundschaften kann Ihr Selbstwert positiv beeinflusst werden.

Es gibt aber auch falsche Freundschaften, die dafür sorgen können, dass Ihr Selbstwert sinkt. Daher müssen Sie vor allem bei Freundschaften sehr genau darauf achten, wie sich diese auf Ihren Selbstwert auswirken. Gegebenenfalls sollten Sie die Freundschaft beenden, wenn Ihr Selbstwert zu sehr darunter leidet.

Was viele auch vergessen ist, dass sogar die Familie viel zu Ihrem Selbstwert beitragen kann. Wenn Sie durch Ihre Familie viel kritisiert werden und diese Meinung der Familie, die Ihnen selbstverständlich wichtig ist, öfters mit Ihrer eigenen Meinungen differenziert, dann kann dies Ihren Selbstwert negativ beeinflussen.

Aber die Meinung Ihrer Familie kann auch dazu führen, dass Ihr Selbstwert steigt. Ihre Familie zeigt natürlich sehr gerne, wenn Sie stolz auf Sie ist und teilt dies auch gerne anderen Personen und Ihnen mit. Dies kann dazu führen, dass Ihr Selbstwert steigt. Denn jeder von uns hört gerne Komplimente und möchte das die wichtigsten Personen in seinem Leben stolz sind.

Auch wenn sich das im Moment anhört, als ob nur Außenstehende den Selbstwert beeinflussen können, ist dies nicht der Fall.

Sie selbst können auch einen großen Einfluss auf Ihren Selbstwert haben. Genauso wie Ihre Lebensumstände und Ihr Lebensstil.

Jeder hat Phasen, die den Selbstwert sinken lassen, das ist vollkommen normal. Besonders bei bestimmten Ereignissen oder Lebensumständen kann der Selbstwert gesteigert oder verringert werden. Wenn Sie beispielsweise Ihre Arbeit verloren haben oder gerade in einer Beziehungskrise stecken, kann der eigene Wert sinken.

Genauso kann der Selbstwert aber auch steigen, wenn Sie gerade einen Erfolg auf der Arbeit oder in Ihrem Leben feiern. Diese Situationen kann man nicht vorhersagen und es ist auch bei einigen schwer etwas dagegen zu unternehmen. Doch Sie sollten versuchen sich dadurch nicht in ein tiefes Loch fallen zu lassen.

Dies ist sicherlich nicht leicht, doch wenn Sie versuchen etwas Positives daraus zu sehen, kann dies dabei helfen, Ihren Selbstwert wieder zu steigern. Gleichzeitig hilft es Ihnen nach vorne zu blicken und nicht in der Vergangenheit, die man nicht mehr ändern kann, zu leben.

Genauso wie unvorhergesehene Situationen den Selbstwert beeinflussen können, können auch die eigenen Ziele es beeinflussen.

Wenn Sie Ihre Ziele zu hoch setzen und diese dadurch nicht erreichen, kann dies Ihren eigenen Wert mindern, da Sie das Scheitern als persönliche Niederlage ansehen könnten.

Setzen Sie sich allerdings kleinere Ziele, die Ihnen den Erfolg erleichtern, kann das dazu führen, dass Ihr Selbstwert gesteigert wird. Gleiches gilt auch für eigene Vorsätze.

Wenn Sie diese in einem kleineren Rahmen setzen, kann dies Ihren Selbstwert positiv beeinflussen. Achten Sie allerdings darauf, sich nicht zu viel auf einmal vorzunehmen. Dies kann Sie unter Stress setzen und dafür sorgen, dass Sie die Lust daran verlieren und Ihr Selbstwert negativ beeinflusst werden kann.

Es ist ganz natürlich, dass man von bestimmten Personen gemocht werden möchte. Daher kann der Selbstwert auch davon beeinflusst werden, wenn man sich zu viele Gedanken darüber macht, was andere von einem denken und halten.

Allerdings sollten Sie sich immer in das Gedächtnis rufen, dass Sie nicht von jedem gemocht werden können. Dadurch können Sie den Einfluss dieser Gedanken auf Ihren Selbstwert verringern, was dabei hilft, dass dieser nicht verringert wird.

Wenn man natürlich wegen seiner Art und seiner Persönlichkeit von vielen Menschen gemocht wird und diese nur Gutes über einen erzählen und denken, kann der eigene Selbstwert hingegen gesteigert werden.

Besonders die Beziehung hat einen großen Einfluss auf den Selbstwert.

Wenn Sie sich in Ihrer Partnerschaft nicht wohlfühlen oder öfters kritisiert werden, kann dies dazu führen, dass Ihr eigener Wert für Sie gemindert wird.

Aber die Beziehung kann auch einen positiven Einfluss auf den Selbstwert haben. Wenn Sie sich wohlfühlen und einen Partner an Ihrer Seite haben, der Sie unterstützt, auf den Sie zählen können und der Ihnen mit Ratschlägen weiterhilft, dann kann dies zu einem positiven Selbstwert beitragen.

Aber auch in einer Beziehung, in Freundschaften und der Familie kann es zu Streitigkeiten kommen, die Ihren Wert von sich selbst positiv als auch negativ beeinflussen kann. Wichtig ist in einer solchen Situation, dass Sie eine Entschuldigung annehmen können, genauso wie Sie eine Entschuldigung aussprechen sollten.

Viele Menschen definieren sich auch darüber, wie Ihr sozialer Status ist oder welche Arbeit Sie ausführen. Wenn Sie eine Arbeit ausführen, die Sie vollkommen erfüllt und Ihnen Spaß macht, kann dies zu einem positiven Einfluss auf Ihren Selbstwert führen.

Wenn Sie hingegen jeden Tag ein schlechtes Gefühl haben zur Arbeit zugehen und nicht gerne über Ihre Arbeit sprechen oder im schlimmsten Fall nicht stolz darauf sind, was Sie jeden Tag auf der Arbeit erreichen, dann kann dies Ihren Selbstwert mindern.

Diese Beispiele werden vielen Erwachsenen bekannt vorkommen, aber auch für Kinder die zur Schule gehen, können Situationen aufkommen, die den Selbstwert beeinflussen können.

So können schlechte Schulnoten, ob im Zeugnis oder bei einer Klassenarbeit, oder aber auch Streitigkeiten unter den Mitschülern dafür sorgen, dass der Selbstwert des Kindes negativ beeinflusst wird.

Allerdings kann auch die Schulzeit einen positiven Effekt auf den Selbstwert des Kindes ausüben. So lernt es beispielsweise, wie es mit bestimmten Situationen umgehen muss und kann stolz darauf sein, wenn es durch viel Lernen gute Schulnoten vorweisen kann.

Dies trägt sehr viel dazu bei, den Selbstwert eines Kindes zu steigern.

Bei allen Lebensbereichen ist es aber wichtig, dass Sie Ihren Selbstwert nicht zu sehr zeigen. Denn auch ein hoher Wert von sich selbst kann negative Auswirkungen haben.

Welche Nachteile hat ein zu hoher Selbstwert?

Das ein negativer oder niedriger Selbstwert Nachteile mit sich bringt, ist vielen bewusst. Bei einem hohen Selbstwert gehen die wenigsten davon aus, dass dieser ebenfalls Nachteile mit sich bringen kann, da die Meisten dies als eine positive Eigenschaft empfinden. Wenn ein hoher Selbstwert für einen persönlich positiv ist, kann dieser auf andere Personen eine negative Wirkung haben.

So können Sie beispielsweise für andere als unnahbar erscheinen. Da Sie durch diesen Wert von sich selbst eine emotionale Stärke besitzen, kann die auf andere den Eindruck machen, dass Sie keine Emotionen zulassen möchten und dadurch auch nicht mitfühlend sind.

Natürlich gilt dies nur für den ersten Eindruck. Personen, die Ihnen nahestehen und Sie bereits seit einiger Zeit, oder sogar seit einigen Jahren kennen, wissen das dies nur ein Trugbild ist und nicht Ihrer wahren Persönlichkeit entspricht.

Doch gerade für Personen, die Sie das erste Mal treffen oder in Kontakt treten, kann das sichere Auftreten, welches Sie durch Ihren Selbstwert erhalten arrogant erscheinen.

Dadurch können andere Personen ein falsches Bild von Ihnen erhalten und sich eventuell nicht trauen mit Ihnen ein Gespräch zu beginnen. Machen Sie sich deshalb bewusst, dass es nicht an Ihrer Person liegt, wenn andere eingeschüchtert von Ihnen sind. Diese Personen kennen Sie nur nicht richtig und handeln nach Ihrem ersten Eindruck.

Es kann helfen, wenn Sie den ersten Schritt unternehmen und auf andere zugehen.

Dadurch vermitteln Sie, dass Sie nicht arrogant sind und helfen anderen dabei ihren Eindruck von Ihnen zu ändern.

Deshalb kann es auch für Sie trotz eines hohen Selbstwertes schwer werden Kontakte zu knüpfen. Besonders, wenn es darum geht mit Personen in Verbindung zu treten, die weniger Selbstwert als Sie besitzen.

Wenn Sie zu der Personengruppe gehören, die einen hohen Selbstwert besitzen, haben Sie sicherlich auch schon die Erfahrung gemacht, dass Lästereien und Gerede über Sie keine Seltenheit sind.

Durch das falsche Bild, was andere durch Ihren Wert von sich erhalten können, möchten sie sich besser fühlen, indem Sie anfangen über Sie zu reden. Bedenken Sie hierbei aber, dass dies Ihren Selbstwert nicht mindern darf.

Sie wissen, was Sie wirklich ausmacht und kennen auch Ihre positiven als auch Ihre negativen Seiten. Daher können Sie über diesem Gerede stehen und keine Gedanken darüber verschwenden, was andere von Ihnen halten könnten. Es ist wichtig, dass Sie weiterhin an Ihrem Selbstwert festhalten und diesen nicht durch andere schlecht machen lassen.

Wie Sie an diesen kleinen Beispielen erkennen können, kann es für einen hohen als auch für einen niedrigen Selbstwert Vorteile sowie Nachteile haben. Deshalb ist es wichtig, immer an seinem Selbstwert zu arbeiten.

Durch negative Erfahrungen kann Ihr vorheriger Selbstwert schnell verringert werden und Sie könnten es schwer haben, diesen wieder aufzubauen.

Negative Erfahrungen bleiben natürlich präsenter im Gedächtnis als positive.

Daher kann auch die kleinste negative Erfahrung dazu führen, dass Sie Ihren Wert von sich selbst verlieren. Denken Sie daher lieber öfter an die positiven Erfahrungen, denn das kann Ihnen dabei helfen, Ihren Selbstwert zu behalten.

Es ist natürlich für Personen, die bereits ein gewisses Maß an Selbstwertgefühl besitzen, leichter diesen wieder aufzubauen oder beizubehalten, als für eine Person, die diesen komplett neu aufbauen muss. Doch für beides bedeutet es Arbeit an sich selbst und eventuell sogar einigen Änderungen in der Sichtweise.

Für den Selbstwert ist es daher wichtig diesen nicht nur aufzubauen, sondern auch zu steigern und zu verbessern.

Wenn Sie dies schaffen, dann kann es Ihnen dabei helfen Ihren Selbstwert beizubehalten, egal welche Ereignisse oder Situationen in Ihrem Leben auftreten werden.

So können Sie Ihren Selbstwert aufbauen

Personen, die kein Selbstwertgefühl besitzen, müssen zuerst daran arbeiten diesen Selbstwert aufzubauen. Wenn dies auf Sie zutrifft, dann sollten Sie sich genügend Zeit dafür nehmen, denn es erfordert einige Änderungen in Ihrem Leben, die Ihnen unter Umständen nicht leicht fallen können. Machen Sie sich im Vorfeld genügend Gedanken darüber, ob Sie Ihren Selbstwert wirklich aufbauen möchten und alles dafür tun möchten.

Durch diese Veränderung kann es durchaus vorkommen, dass Personen in Ihrer Umgebung Sie anschließend anders behandeln und wahrnehmen werden. Geben Sie Ihr Vorhaben nicht auf und lassen Sie sich genügend Zeit.

Der erste und damit schwerste Schritt ist es, dass Sie anfangen sich selbst zu mögen. Das hört sich natürlich im ersten Moment nicht sehr schwer an, doch damit ist nicht gemeint, dass Sie sich heute sagen: „Ja ich mag mich". Machen Sie sich am besten eine Liste auf die Sie schreiben, was Ihnen wirklich an Ihnen selbst gefällt. Sie werden merken, am Anfang fällt Ihnen nicht sehr viel ein, wenn Sie wirklich einen sehr geringen Selbstwert besitzen.

Auf diese Liste können Sie nicht nur notieren, was Ihnen körperlich gefällt, sondern auch welche Eigenschaften Ihnen besonders gut gefallen und Sie ausmachen. Achten Sie darauf nicht das zu notieren, wie andere Sie sehen, sondern wie Sie sich selbst sehen. Gleichzeitig können Sie auch alles notieren, was Ihnen nicht so gut gefällt und wo Ihre Schwächen und Fehler liegen.

Das macht es Ihnen später leichter, zu Ihren Fehlern und Schwächen, genauso wie zu Ihren positiven Eigenschaften zu stehen.

Wenn Sie alles notiert haben, lesen Sie sich die Liste jeden Tag, was Ihnen an sich selbst gefällt, durch. Sagen Sie sich in Ihr Spiegelbild: Ich mag mich.

Nach einiger Zeit wird es Ihnen viel leichter Fallen und Sie werden merken, dass Sie auch langsam anfangen sich selbst wirklich zu mögen. Gleichzeitig gibt Ihnen dies ein gutes Gefühl und Sie werden positiver durch den Tag gehen. Ebenso sollten Sie sich auch selbst Komplimente machen. Am besten wäre es für den Aufbau Ihres Selbstwertes, wenn Sie sich jeden Tag mindestens ein Kompliment machen. Dieses sollten Sie dann auch nicht infrage stellen, sondern sich im Voraus gut überlegen und nachdem Sie es ausgesprochen haben auch akzeptieren.

Auch wenn Sie Ihren Selbstwert aufbauen müssen, lassen Sie sich nicht in eine Opferrolle stecken und stecken Sie sich selbst nicht in diese Rolle. Sie fangen gerade an Ihren Selbstwert aufzubauen machen Sie dies nicht zunichte, indem Sie sich selbst als Opfer sehen und geben Sie anderen nicht die Möglichkeit Sie in eine Opferrolle zu stecken.

Wenn Sie dies geschafft haben, ist es Zeit die nächsten Schritte zu unternehmen, um Ihren Selbstwert aufzubauen. Dazu gehört, dass Sie Ihre Handlungen nicht zu kritisch sehen. Jeder Mensch macht Fehler und auch Sie können nicht alles perfekt machen. Gestehen Sie sich ein, dass es normal ist, Fehler zu begehen.

Wenn Sie alles getan haben, was Ihre Möglichkeiten hergeben und Sie Ihre Arbeit gewissenhaft getan haben oder Entscheidungen gut überlegt getroffen haben, dann sollten Sie im Nachhinein nicht darüber nachdenken, was

Sie hätten besser machen können. Stehen Sie zu Ihren Handlungen und lassen Sie sich nicht verunsichern.

Gerade in solchen Situationen, in denen Sie Ihre Handlungen nicht zu kritisch sehen sollten, ist es wichtig das Sie sich nicht selbst schlecht machen. Dies kann dazu beitragen, dass Ihr Selbstwert sinkt und Sie sind gerade auf dem Weg diesen aufzubauen.

Denken Sie immer daran, dass Sie gut sind, so wie Sie sind.

Versuchen Sie immer positiv zu denken, auch wenn es in bestimmten Situationen schwer werden kann. Die negativen Gedanken, die Sie durch das eigene schlecht Machen verinnerlichen, können dafür sorgen, dass der Wert den Sie in dieser Zeit von sich aufgebaut haben innerhalb kürzester Zeit verschwunden ist.

Wenn Sie es für einige Zeit geschafft haben, sich weiterhin selbst zu mögen, sich selbst und Ihre Handlungen nicht zu kritisch betrachtet haben, dann haben Sie bereits einen Grundstein gelegt, um Ihren Selbstwert weiterhin aufzubauen. Nun können Sie einen weiteren Schritt wagen und anfangen sich selbst mehr zuzutrauen.

Dies bedeutet, dass Sie versuchen Aufgaben zu übernehmen, an die Sie vor einiger Zeit nicht einmal gedacht haben, diese zu erfüllen. Sie können hier auch mit kleinen Aufgaben anfangen und sich dann steigern. Das wird es Ihnen erleichtern, Ihren Selbstwert weiterhin aufzubauen.

So können Sie sich beispielsweise anbieten in einer anderen Abteilung auf Ihrer Arbeitsstelle auszuhelfen, wenn dort viel zu tun ist. Oder Sie laden Ihre Familie zum Essen ein, welches Sie selbst zubereitet haben.

Solche kleinen Dinge, die Sie sich eventuell im Moment nicht zutrauen würden, können Ihnen helfen, einen höheren Selbstwert aufzubauen. Gleichzeitig werden Sie stolz auf sich sein, dass Sie sich etwas zugetraut haben, von dem Sie nicht gedacht hätten, dies zu tun.

Fangen Sie jetzt auch an, sich in ein positives Licht zu rücken. Dies bedeutet nicht, dass Sie sich anderen aufdrängen sollen oder zu jedem Thema etwas zu sagen haben. Dies bedeutet vielmehr, dass Sie offen und ehrlich zugeben, wenn Sie von etwas Kenntnis haben, aber auch wenn Sie etwas nicht genau wissen. Sie werden merken, dass Ihre Umgebung und besonders Ihre Gesprächspartner dies sehr zu schätzen wissen.

Sie werden dadurch auch Vertrauen aufbauen können, was Ihnen wiederum dabei hilft, Ihren Selbstwert weiter aufzubauen.

Sie zeigen dadurch auch, dass Sie bei gewissen Themen Hilfestellungen geben können und gerne als Ansprechpartner fungieren.

In dieser Zeit haben Sie bereits einiges an Selbstwert aufbauen können und sicherlich ist es Ihnen nicht leicht gefallen. Besonders werden noch häufig Ihre negativen Eigenschaften in Ihr Gedächtnis gerufen. Doch nun ist es an der Zeit, sich nicht mehr auf die negativen Eigenschaften zu konzentrieren.

Machen Sie einen kleinen Abschluss und vernichteten Sie die Liste, auf der Sie anfangs Ihre negativen Eigenschaften notiert haben.

Natürlich werden diese Eigenschaften noch bei Ihnen vorhanden sein, aber Sie werden es leichter haben nicht mehr darüber nachzudenken und einen Neustart machen können.

Die kleinen Fortschritte, die Sie bereits erlebt haben, um Ihren Selbstwert aufzubauen, können Ihnen auch dabei geholfen haben, die Ursache für Ihren geringen Selbstwert zu finden. Wenn dies nicht der Fall ist, sollten Sie anfangen die Ursache zu finden, um an der Lösung zu arbeiten. Dies wird Ihnen helfen, Ihren Selbstwert besser und schneller aufbauen zu können. Gleichzeitig sorgen Sie dafür, dass Ihr Selbstwert durch die Ursache nicht wieder gemindert wird.

Sie können jetzt auch anfangen, Ihre Umgebung genau zu beobachten und darauf zu achten, nur mit Personen Zeit zu verbringen, die eine positive Einstellung haben. Dies kann für Sie auch bedeuten, Personen aus Ihrer Umgebung auszuschließen, wenn Sie merken, dass diese keinen positiven Einfluss auf Sie ausüben oder sogar dafür sorgen, dass Ihr Selbstwert gemindert wird.

Sie werden sicherlich feststellen, dass sich durch Ihren neuen Wert von sich selbst einige Personen Ihnen gegenüber verändert haben.

Durch die Beobachtung Ihrer Umgebung können Sie auch versuchen gleichzeitig einen nächsten Schritt zu wagen, um Ihr Selbstwertgefühl aufzubauen. Dieser besteht darin, dass Sie anfangen nicht jedem gefallen zu wollen und nicht von jedem gemocht werden zu müssen. So können Sie schnell herausfinden, welche Personen in Ihrer Umgebung Ihnen guttun.

Jetzt ist es an der Zeit Ihre Fehler und Ihre Schwächen zu akzeptieren. Das hilft Ihnen dabei Ihre Stärken in den Vordergrund zu rücken und sich nicht überfordert zu fühlen, da Sie Aufgaben, denen Sie aufgrund Ihrer Fehler und Schwächen nicht gewachsen sind, nicht annehmen.

Da Sie wissen, wo Ihre Stärken liegen, wird es Ihnen auch leichter Fallen sich nicht mit anderen zu vergleichen. Denn jede Person ist auf ihre Art und Weise einzigartig und jeder von uns besitzt Schwächen, Stärken und Fehler.

Wenn Sie sich so akzeptieren, wie Sie sind, bleiben Sie sich selbst treu und werden auch von anderen akzeptiert und vor allem respektiert. Dies ist ein sehr wichtiger Bestandteil darin, Ihren Selbstwert aufzubauen.

Es kann Ihnen auch helfen Ratgeber zu lesen, die Sie dabei unterstützen können Ihren Selbstwert aufzubauen. Diese Ratgeber können Sie auch zu jeder Tageszeit lesen und überall hin mitnehmen. Das kann Ihnen dabei helfen Ihr Vorhaben, den Selbstwert aufzubauen, immer vor Augen zu haben.

Gleichzeitig können Sie darin enthaltenen Tipps sofort umsetzen. Wenn Sie allerdings merken, dass Sie Ihren Selbstwert nicht alleine aufbauen können, ist es ratsam, dass Sie sich professionelle Hilfe holen. Dadurch kann nicht nur der Ursache auf den Grund gegangen werden, sondern es kann Ihnen auch individuell und auf Ihre Bedürfnisse abgestimmt, Hilfe gegeben werden.

Sie haben dadurch auch einen Ansprechpartner, der Ihnen zuhört und weiterhilft, wenn Sie gerade in einer persönlichen Krise stecken und Zweifel daran bekommen Ihren Selbstwert aufbauen zu können.

Sie können natürlich auch eine Person Ihres Vertrauens in Ihr Vorhaben mit einbeziehen. Diese Person kann Ihnen eine große Unterstützung sein und Ihnen bei den oben genannten Schritten helfen.

So können Sie beispielsweise diese Person fragen, was er oder sie denkt, wo Ihre Stärken und Schwächen liegen. Es ist dabei aber sehr wichtig, dass Sie der Person die Möglichkeit geben wahrheitsgemäß zu antworten. Genauso sollte die Person Ihres Vertrauens Ihr Vorhaben ernst nehmen und Ihnen wirklich dabei helfen wollen Ihren Selbstwert aufzubauen.

Sie haben jetzt bereits einiges getan, um Ihren Selbstwert aufzubauen und wie Sie gemerkt haben, ist eine Menge Zeit vergangen und es ist Ihnen auch nicht leicht gefallen. Doch Sie merken bereits, dass Sie mit bestimmten Situationen besser umgehen können und dass Ihr neu aufgebauter Selbstwert sich positiv auf Ihren Alltag und Ihr Leben ausgewirkt hat.

Aber auch wenn Sie jetzt etwas Selbstwert besitzen, können Sie diesen noch steigern.

Dies wird Ihnen sicherlich leichter Fallen als der Aufbau, aber auch hier werden manche Situationen Überwindung kosten.

Steigern Sie Ihren neu aufgebauten Selbstwert

Der aufgebaute Selbstwert, den Sie sich hart erarbeitet haben und der Sie viel Kraft und Überwindungen gekostet hat, kann noch gesteigert werden. Dadurch wird es für Sie leichter diesen Wert, von sich selbst, beizubehalten und nicht wieder zu verlieren.

Treffen Sie Entscheidungen bewusster. Das bedeutet lassen Sie sich genügend Zeit und übereilen Sie nicht. Schreiben Sie sich am Anfang eine Liste mit Punkten, die für und die gegen diese Entscheidung sind. So haben Sie nicht nur einen genauen Überblick, sondern können sich auch eine Hilfestellung geben, wenn Sie sich nicht sicher sind, wie Ihre Entscheidung ausfallen soll.

Gleichzeitig können Sie auch eventuelle Auswirkungen Ihrer Entscheidung mit einbeziehen und sind dadurch gut vorbereitet. Treffen Sie Ihre Entscheidung, nachdem Sie alle Punkte und deren Auswirkungen aufgeschrieben haben, nicht sofort, sondern schlafen Sie eventuell eine Nacht darüber. So können Sie auch sicherstellen, dass Sie wirklich hinter Ihrer Entscheidung stehen.

Wenn nicht genügend Zeit bleibt, um eine Entscheidung über mehrere Tage zu treffen, dann geben Sie sich dennoch einige Stunden und übereilen Sie Ihre Entscheidung nicht. Dies kann insofern Ihren Selbstwert steigern, da Sie wissen, dass Sie sich Gedanken gemacht haben und Sie nicht von eventuellen Auswirkungen überrascht werden.

Notieren Sie sich Ihre Fortschritte, die Sie im Laufe der Zeit erreicht haben und jeden Tag aufs neue erreichen.

Sie haben dadurch einen Überblick was Sie in kürzester Zeit bereits erreicht haben und können sich dies in schweren Zeiten immer wieder vor Augen führen. Dies hilft Ihnen nicht nur dabei, Ihren Selbstwert zu steigern, sondern diesen auch nicht wieder zu mindern. Denn gerade in schweren Zeiten kann es sehr schnell passieren, dass Sie in Ihr altes Muster zurückfallen.

Bei dem Aufbau von Ihrem Selbstwert haben Sie bereits angefangen, sich mehr zuzutrauen. Um diesen zu steigern, können Sie nun anfangen Eigenverantwortung zu übernehmen. Dies können Sie auch erst mit kleineren Verantwortungen starten. Beispielsweise erledigen Sie für einen Freund oder für ein Familienmitglied den Wocheneinkauf oder Sie bieten sich an, einen Tag auf das Haustier eines Freundes aufzupassen. Oder Sie können auch zum Anfang die Blumen für jemanden gießen, der sich im Urlaub befindet.

Solche kleinen Eigenverantwortungen steigern Ihren Selbstwert und Sie werden dadurch auch sicherer, um sich neuen Herausforderungen zu stellen.

Sie haben auch bereits damit begonnen, Ihre eigene Meinung über bestimmte Dinge oder Themen zu haben. Zu dieser Meinung sollten Sie nun auch stehen.

Lassen Sie sich nicht verunsichern. Ihre Meinung ist genauso viel Wert wie die eines anderen. Die eigene Meinung zu vertreten, kann besonders dann schwer sein, wenn Sie sich mit jemandem unterhalten, der einen viel größeren Selbstwert als Sie besitzen. Doch Sie werden gerade in dieser Situation merken, dass Ihr Selbstwert sofort steigt, wenn Sie zu Ihrer Meinung stehen. Achten Sie hierbei aber darauf, dass kein Streitgespräch aufkommt.

Wenn Sie merken, dass dies geschehen kann, dann versuchen Sie, das Thema geschickt umzulenken. Denn ein Streitgespräch kann in vielerlei Hinsicht schwer und anstrengend sein. Aber nicht nur in Gesprächen können Sie zu Ihrer Meinung stehen. Auch wenn es um den Kleidungsstil oder ähnliches geht, können Sie zeigen, dass Ihr Selbstwert so weit gesteigert ist, dass Sie Ihre Meinung sagen und zu dieser auch stehen.

Um Ihren Selbstwert dauerhaft zu steigern, können Sie sich auch wöchentliche Ziele oder monatliche Ziele setzen. Achten Sie hierbei darauf, dass die Ziele erreichbar für Sie sind. So können Sie sich beispielsweise das Ziel setzen mit mindestens einer Person in der Woche gesprochen zu haben. Oder ein monatliches Ziel kann für Sie sein jemanden den Sie sich nicht getraut haben anzusprechen, zum Essen einzuladen.

So können Sie sich beliebige und individuelle Ziele setzen und werden gleichzeitig nicht nur mit einem gesteigerten Selbstwert belohnt, sondern haben eventuell neue Kontakte geknüpft.

Seien Sie stolz auf Ihre Erfolge, auch wenn Ihnen diese sehr klein vorkommen mögen. In Wirklichkeit wissen Sie, dass es Sie viel Kraft, Zeit und besonders Überwindung gekostet hat. Daher sind diese Erfolge nicht klein, sondern für Sie sehr groß bei dem Weg Ihren aufgebauten Selbstwert zu steigern.

Damit Sie merken, wie sehr Ihr Selbstwert gesteigert ist, können Sie nun bei Gesprächen Blickkontakt führen und diesen halten. Sie werden merken, es wird Ihnen leichter Fallen als vor einigen Wochen oder Monaten. Dies ist auch für Ihren Gesprächspartner wichtig, da dieser merkt, dass Sie aufmerksam sind und dem Gespräch folgen.

Sie können nun auch anfangen Blickkontakt zu suchen. Dadurch werden andere auf Sie aufmerksam und es ist ein großer Bestandteil darin, Ihren Selbstwert zu steigern.

Wo Sie vielleicht vor einiger Zeit den Blicken ausgewichen sind, um nicht angesprochen zu werden, gehört es nun dazu die Blicke zu erwidern.

Auch wenn Sie jetzt Ihren Selbstwert aufgebaut haben und diesen bereits gesteigert haben, ist es wichtig, dass Sie weiterhin versuchen sich an neuen Dingen zu probieren, die Sie sich nicht zutrauen würden. Genauso wie Sie sich weiterhin nicht mit anderen Vergleichen sollten.

Jetzt könnten Sie natürlich denken, der Selbstwert wurde wieder aufgebaut und er wurde gesteigert, jetzt kommt es nur noch darauf an, diesen auch beizubehalten.

Doch der gesteigerte Selbstwert kann noch verbessert werden.

64

Selbstwert verbessern - So gelingt es Ihnen

Damit Sie Ihren Selbstwert verbessern können, müssen Sie bereits ein gewisses Maß an Selbstwert besitzen. Das bedeutet, dass Sie diesen bereits aufgebaut und gesteigert haben.

Um Ihren Selbstwert verbessern zu können, ist es wichtig, dass Sie sich weiterhin nicht verunsichern lassen. Jeder Mensch hat andere Ansichten und andere Wege wie er bestimmte Dinge erledigt. Solange Sie von Ihrer Meinung überzeugt sind und auch zu dieser stehen, wird es Ihnen leichter fallen, sich nicht verunsichern zu lassen und dadurch Ihren Selbstwert zu verbessern.

Ebenso gehört es, wie bei den anderen Schritten für Ihren Selbstwert, dazu nicht perfekt sein zu wollen.

Dies kann dazu führen, dass Sie Ihren Selbstwert nicht verbessern, sondern das Sie diesen verringern. Denn der Druck, der auf Ihnen lastet, um perfekt zu sein, ist zu hoch und es ist für Sie, genauso wie für alle anderen, unmöglich ohne Fehler zu sein.

Da Sie bereits einen gewissen Wert von sich selbst aufgebaut haben, achten Sie darauf weiterhin gut zu sich selbst zu sein und auch mal an sich zu denken, nicht nur an andere.

Versuchen Sie in Ihre Entscheidungen miteinzubeziehen, was für Sie am besten ist. Denn das ist das Wichtigste. Sie müssen mit den Konsequenzen Ihrer Entscheidungen leben, nicht andere.

Natürlich können Sie weiterhin hilfsbereit sein, aber beachten Sie, dass Sie nicht jedem helfen können, ohne Abstriche in Ihrem Leben zu machen.

Sie setzen sich weiterhin Ziele, die Sie verfolgen, um Ihren Selbstwert beizubehalten und können diesen dadurch gleichzeitig verbessern. Sie feiern dadurch weiterhin Erfolge und dies tut Ihnen sehr gut.

Wichtig für die Verbesserung Ihres Selbstwertes ist es, dass Sie weiterhin lernen „Nein" zu sagen. Dies hilft Ihnen auch dabei an sich selbst zu denken und Sie sorgen auch dafür, dass anderen nicht die Möglichkeit gegeben wird, Sie auszunutzen.

Sie sollten auch lernen nicht in Selbstmitleid zu verfallen, wenn etwas nicht funktioniert hat, oder Sie ein Ziel nicht erreicht haben. Das kann Ihren Selbstwert wieder verringern und Sie sind gerade auf dem Weg diesen zu verbessern.

Sie sollten auch nicht in Gesprächen mit anderen in Selbstmitleid verfallen. Dies kann bei anderen den Eindruck vermitteln, dass Sie angreifbar sind und keinen großen Wert von sich selbst haben.

Wie Sie sicherlich bemerkt haben, kommen nicht viele Punkte dazu um Ihren Selbstwert zu verbessern. Allerdings sollten Sie weiterhin die Punkte zum Aufbau und zum Steigern Ihres Selbstwertes beachten und täglich in Ihr Leben einbauen. Dadurch stellen Sie sicher, dass Sie weiterhin an dem Erhalt Ihres Selbstwertes arbeiten und dieser nicht wieder verringert wird.

Es gibt einige Übungen, die Sie jeden Tag durchführen können, um Ihren Selbstwert weiterhin zu erhalten und die Sie immer daran erinnern werden, dass Sie viel mehr Wert sind als Sie von sich selbst behaupten.

Übungen die Ihnen helfen Ihren Selbstwert zu erhalten

Übernehmen Sie jeden Tag Eigenverantwortung. Dies muss nicht sofort eine sehr große Verantwortung sein, Sie können sich in kleinen Schritten steigern. Natürlich sollten Sie dabei darauf achten, dass die Verantwortung auch gerade in Ihren Zeitplan und zu Ihren Lebensumständen passt. Damit Sie weiterhin genügend Zeit haben sich auf sich selbst zu konzentrieren und sich selbst nicht in eine stressige Situation bringen.

Nehmen Sie sich in Ihrem Alltag nicht zu ernst. Sondern lachen Sie über sich selbst. Dies bedeutet nicht, dass Sie sich schlecht machen sollen. Vielmehr bedeutet es, dass Sie sich nicht zu ernst nehmen.

Wenn Sie beispielsweise sehr tollpatschig sind, dann schämen Sie sich nicht dafür, sondern versuchen Sie daraus eine lustige Situation zu machen. Vielleicht können Sie Ihre Tollpatschigkeit auch zu Ihrem Markenzeichen machen.

Oder Sie verlieren öfters persönliche Dinge, dann können Sie dies ebenfalls als Anlass nehmen, um ein lustiges Gespräch zu beginnen. So können Sie alltägliche Dinge gut nutzen, um zu lernen sich selbst nicht zu ernst zu nehmen. Das hilft anderen dabei mit Ihnen in Kontakt zu treten und es macht Sie auch sympathisch.

Hierbei ist allerdings auch ein gewisses Maß an Vorsicht geboten. Wenn Sie merken, dass diese Art bei Ihren Mitmenschen gut ankommt, dann bleiben Sie dennoch bei der Wahrheit, denken Sie sich keine Geschichten aus, um in ein Gespräch zu kommen.

Dies kann schnell dazu führen, dass Sie nicht ernst genommen werden, was wiederum dazu führen kann, dass Ihr Selbstwert darunter leidet.

Sollten Sie mit anderen in ein Gespräch kommen dann Stimmen Sie nicht jedem und nicht allem zu. Dies beweist, dass Sie sich über Ihren eigenen Wert bewusst sind und zu Ihrer Meinung stehen und diese auch vertreten können.

Sie werden merken, dass Ihre Gesprächspartner positiv darauf reagieren werden und gleichzeitig können Sie das Gespräch auch am Laufen halten und sorgen dafür, dass kein Monolog geführt wird. Ebenso werden Sie feststellen, dass gerne Gespräche mit Ihnen geführt werden.

Überlegen Sie jeden Tag, worin Ihre Stärken liegen und in was Sie besonders gut sind.

In der Zwischenzeit werden Sie festgestellt haben, dass mehr Stärken hinzugekommen sind, als anfangs. So können Sie sehen, dass Ihr Vorhaben Erfolg gebracht hat und Ihr Selbstwert wird weiterhin gestärkt. Sie können sich dadurch auch neuen Herausforderungen stellen.

Da Sie bereits jetzt einen hohen Selbstwert besitzen, können Sie auch damit starten, andere zu fragen, bei welchem Thema die verschiedenen Personen Sie um Hilfe bitten würden und was diese besonders an Ihnen schätzen.

Wenn Sie diese Komplimente annehmen und ernst nehmen, werden Sie sehen, dass andere viele Stärken in Ihnen sehen. Dies hilft Ihnen dabei, weitere Stärken an sich selbst zu entdecken und Ihren Selbstwert zu behalten.

Notieren Sie sich Ihre besten Charaktereigenschaften.

Dadurch filtern Sie alle positiven Eigenschaften heraus und erkennen, dass Sie ein guter Mensch sind. Dies stärkt Ihren Selbstwert, denn Sie zeigen sich jeden Tag, was Sie persönlich ausmacht. Dadurch geben Sie sich selbst jeden Tag Komplimente und erkennen, dass Sie wirklich etwas Wert sind.

Sehen Sie sich jeden Tag im Spiegel an und sagen Sie laut zu sich selbst, was Ihnen an Ihrem Körper besonders gut gefällt. Dies können auch Kleinigkeiten sein, aber so lernen Sie sich selbst und Ihren Körper zu akzeptieren und zu lieben. Gleichzeitig sorgt diese Übung dafür, dass Sie sich in Ihrem Körper wohlfühlen, was viel dazu beiträgt, Ihr Selbstwertgefühl beizubehalten und zu steigern.

Diese Übungen können Ihnen besonders gut dabei helfen, Ihren Selbstwert weiterhin beizubehalten und gestärkter und selbstbewusster durch Ihr Leben zu gehen.

Spielen Sie es in aller Ruhe zu Hause oder mit einem Freund durch. So können Sie sich bestens vorbereiten und es wird Ihnen leichter fallen, sich bestimmten Herausforderungen und Situationen zu stellen.

Dies können auch fiktive Situationen sein. Bei dieser Übung geht es nur darum, dass Sie ein Gefühl dafür bekommen, was Sie wirklich schaffen können und das Sie keine Angst haben müssen, wenn Sie in eine unerwartete Situation oder unerwartete Ereignisse auftreten.

Sie wissen am besten, bei welchen Dingen Sie eventuell noch Schwierigkeiten haben und durch ein Übungsgespräch können Sie Ihren

Selbstwert aufbauen, um richtig und vor allem selbstbewusst zu reagieren.

So nehmen Sie sich im Voraus bereits die Angst, die aufkommen kann und es wird Ihnen sehr helfen. Ihr Gegenüber wird dies ebenfalls zu schätzen wissen.

Achten Sie jeden Tag gezielter auf Ihre Körpersprache und Ihre Körperhaltung. Denn Ihre Körpersprache sowie Ihre Körperhaltung sagt viel über Ihr Wesen und Ihren Selbstwert aus.

So können Sie anhand Ihrer Körperhaltung anderen zeigen, wie hoch Ihr Selbstwert ist.

Wenn Sie beispielsweise eine offene und gerade Körperhaltung haben, dann können andere den Eindruck haben, dass Sie einen hohen Selbstwert haben.

Andersherum kann bei einer eher zurückhaltenden Körperhaltung, wie beispielsweise hängende Schultern oder eine in sich gekehrte Körperhaltung, der Eindruck vermittelt werden, dass der eigene Wert niedrig ist. Bei der Körpersprache verhält es sich ähnlich.

Ein schüchterner Blick und Vermeidung von Körperkontakt ist für die Meisten ein Zeichen, dass Sie keinen hohen Wert von sich selbst haben.

Wenn Sie jedoch durch Ihre Körpersprache den Eindruck vermitteln, dass Sie viel Selbstwertgefühl besitzen, dann wird dieser Eindruck auch auf andere übergehen.

Wenn Sie auf Ihre Körperhaltung und Ihre Körpersprache bewusst jeden Tag achten, dann wird es Ihnen auch leichter Fallen in Erscheinung zu treten. Dies ist ebenfalls eine Übung, die Ihnen dabei helfen wird, Ihren Selbstwert weiterhin aufrechtzuerhalten.

Diese in Erscheinung treten, bedeutet natürlich nicht, dass Sie sich anderen Aufzwingen sollen. Vielmehr bedeutet dies, dass Sie anderen zeigen, dass Sie anwesend sind.

Seien Sie präsent. So werden andere, die Sie vielleicht vorher nicht bemerkt haben, Interesse an Ihnen zeigen, was wiederum Ihrem Selbstwert guttun wird.

Machen Sie es sich am Anfang leicht, indem Sie sich vielleicht an einem Thema beteiligen, an dem mehrere Leute untereinander ein Gespräch führen.

Oder teilen Sie einer Ihrer Ideen in einem Meeting auf der Arbeit mit. Es gibt viele Möglichkeiten für Sie in Erscheinung zu treten und andere auf Sie aufmerksam zu machen. Überlegen Sie sich eine Möglichkeit individuell auf Ihr Leben abgestimmt und versuchen Sie es.

Es wird Ihnen natürlich bei dem ersten
Versuch schwer vorkommen, doch nach einiger
Zeit, wird es für Sie leichter werden.

So können Sie Ihren Selbstwert in kürzester Zeit aufbauen

Da jeder Mensch einmal in die Situation kommt, wo der Selbstwert plötzlich verschwindet, kann er diesen in einer sehr kurzen Zeit wieder aufbauen, um gestärkt in die Situation zu gehen.

Nehmen Sie sich kurz Zeit und Atmen Sie tief ein und aus. Dies dient zur Entspannung und sorgt dafür, dass Sie Ihren Stresspegel herunterschrauben. Am besten versuchen Sie, Ihre Umgebung für einen kurzen Augenblick auszublenden.

Sagen Sie sich je nach Ort laut oder leise positive und aufbauende Worte, wie zum Beispiel: Du schaffst das, oder ich glaube an Dich, und so weiter.

Denken Sie nicht daran, welche negativen Auswirkungen es haben könnte, wenn Sie es doch nicht schaffen. Denken Sie lieber darüber nach wie Sie den Erfolg feiern können und was Sie aus der Situation für Ihr weiteres Leben mitnehmen.

Dies hilft Ihnen nicht nur dabei die Aufregung zu unterbinden, sondern Sie gehen auch mit einem positiven Gefühl in die Situation und das sorgt für eine positive Ausstrahlung, die auch auf andere wirkt.

Versuchen Sie nicht die Situation von vorne bis hinten durchzuplanen. Dies kann dazu führen, dass Sie überfordert sind, wenn es anders laufen sollte, als Sie es in Ihren Gedanken durchgespielt haben. Genießen Sie lieber den Augenblick und sehen Sie es als neue Erfahrung, die Ihnen in jedem Fall weiterhelfen wird.

Entspannen Sie Ihre Gesichtsmuskeln. Wenn Sie lächeln, wird sich die positiv auf Ihre Stimmung und Ihren Selbstwert auswirken.

Diese kleinen Hilfestellungen können schon sehr viel bewirken, um den Selbstwert in sehr kurzer Zeit aufzubauen. Es ist auch für Sie wichtig, dass Sie gestärkt aus der Situation herausgehen, auch wenn diese nicht so verlaufen ist, wie Sie es sich gewünscht hätten.

Dies sollte dann aber kein Beweis Ihres Scheiterns sein, sondern vielmehr sollten Sie dies als Beweis dafür sehen, dass Sie in der Lage sind, sich schwierigen Situationen zu stellen.

Geben Sie daher nicht auf und lassen Sie Ihren Selbstwert nicht darunter leiden. Im Gegenteil, dies sollte Ihren Selbstwert einen Schub geben und Sie können stolz auf sich sein.

Was kann man im Allgemeinen zum Aufbau, zur Steigerung und zur Stärkung des Selbstwertes sagen?

Wie Sie gesehen haben, wird es einige Zeit dauern, bis man einen gewissen Wert an sich selbst aufgebaut hat. Es wird nicht nur viele Herausforderungen und Überwindungen kosten, sondern Sie werden auch öfters das Gefühl haben, Aufgeben zu wollen.

Doch seien Sie sich bewusst, auch wenn die Anfangszeit schwer wird, werden Sie danach zufrieden und stolz auf sich selbst sein.

Denn ein hoher Selbstwert wird Ihrem Leben viele Erleichterungen bringen.

Sie haben sicherlich auch festgestellt, dass es bei dem Selbstwert nicht nur darauf ankommt, dass man etwas an sich selbst ändert, sondern Sie müssen Ihr Leben und Ihre Umgebung genau beobachten. So können Sie feststellen, wo der Grund für Ihren geringen Selbstwert liegt und können dementsprechend Änderungen vornehmen.

Dies ist ein sehr wichtiger Schritt, um seinen Selbstwert neu aufzubauen und diesen auch zu behalten. Denn wenn es jemanden in Ihrer Umgebung gibt, der dafür sorgt, dass Ihr Selbstwertgefühl negativ beeinflusst wird, dann müssen Sie Änderungen vornehmen.

Durch den eigenen Wert, den Sie von sich selbst haben, werden Sie persönlich zufriedener werden. Sie machen sich nicht über unnötige Dinge Gedanken, sondern können sich voll und ganz auf Ihr eigenes Leben konzentrieren.

Dadurch können Sie es sich in vielen Bereichen Ihres Lebens einfacher machen, wenn Sie Ihren Selbstwert richtig einsetzen.

Denn beachten Sie, dass ein falsches Einsetzen Ihres Selbstwertes ein falsches Außenbild vermitteln kann und Personen Sie dadurch anders wahrnehmen. Ihr Selbstwert sollte daher immer auch einen Teil Ihrer Persönlichkeit widerspiegeln. So können Sie sicherstellen, dass Personen in Ihrer Umgebung Sie richtig einschätzen und kein negatives Bild von Ihnen haben.

Da Sie mittlerweile einen guten Selbstwert aufgebaut haben, merken Sie, dass Sie mit vielen Situationen in Ihrem Leben besser zurechtkommen, als vorher. Sie haben gelernt nicht jeden Gefallen zu erwidern und haben sich dadurch auch Druck und Stress aus Ihrem Leben genommen.

Dadurch haben Sie mehr Zeit sich auf sich selbst zu konzentrieren und weiter an Ihrem Selbstwert zu arbeiten, damit dieser nicht verloren geht. Natürlich kann es vorkommen, dass Sie durch diese Veränderungen auch anecken. Doch seien Sie sich bewusst, dass die meisten dieser Personen dafür, bewusst oder unbewusst, gesorgt haben, dass Ihr Selbstwert so gering war.

Wenn Sie selbst gemerkt haben, dass Sie etwas ändern müssen, um Ihren Selbstwert aufzubauen, dann halten Sie an diesem Entschluss fest und lassen Sie sich nicht davon abbringen.

Es kann Leuten in Ihrer Umgebung schwerfallen Ihre Veränderungen zu akzeptieren, doch nach einiger Zeit werden auch diese Personen merken, dass es Ihnen guttut und Sie darin unterstützen.

Scheuen Sie sich auch nicht davor sich bei Ihrem Vorhaben Hilfe durch vertraute Personen zu holen. Oder suchen Sie sich direkt professionelle Hilfe.

Es wird Ihnen dadurch leichter fallen, Ihren Selbstwert aufzubauen. Sie müssen sich auch nicht dafür schämen, denn wenn Sie selbst zu dem Entschluss gekommen sind, dann beweisen Sie dadurch nicht nur das es Ihnen ernst ist, sondern Sie zeigen auch stärke.

Belohnen Sie sich für Ihre Erfolge, auch wenn diese klein sind. Das wird Ihnen helfen, weiter daran zu arbeiten und nicht den Mut zu verlieren.

Gleichzeitig wird es Ihnen auch den Ansporn geben, in schweren Zeiten durchzuhalten. Sie können sich beispielsweise für jedes erreichte Ziel eine kleine Belohnung gönnen.

So werden Sie nicht das Gefühl bekommen, es steckt nur Arbeit dahinter, sondern Sie machen dies, um Ihren Selbstwert zu erhalten und bekommen dadurch auch noch weitere Belohnungen.

Behalten Sie sich immer im Gedächtnis, dass Sie alles machen können, worauf Sie Lust haben. Es ist Ihr Leben und es sind Ihre Entscheidungen. Lassen Sie sich nicht durch die Meinungen von anderen davon abbringen Ihr Leben so zu leben, wie Sie es für richtig halten.

Diese Punkte helfen Ihnen dabei Ihren Wert von sich selbst zu steigern, zu verbessern und gegebenenfalls komplett neu aufzubauen. Nach wenigen Tagen werden Sie bereits eine Besserung feststellen können und werden dadurch neuen Antrieb bekommen, dies weiterhin durchzuführen.

Wenn Sie direkt am Anfang stehen, kann es für Sie hilfreich sein, wenn Sie sich einen Plan erstellen, nachdem Sie sich richten können, um wirklich jeden Tag an Ihrem Selbstwert zu arbeiten. So können Sie sich Ihre wöchentlichen Ziele notieren und Sie können auch Ihre Erfolge dort festhalten. Das kann Ihnen dabei helfen, auch in einer stressigen Situation Ihr Vorhaben nicht aus den Augen zu verlieren und immer weiter an Ihrem Selbstwert zu arbeiten.

Was viele vergessen ist, dass der Selbstwert immer Arbeit bedeutet, auch wenn man sich schon einen gewissen Wert zugeschrieben hat. Diesen Wert jedoch beizubehalten, kann manchmal sehr schwer sein. Doch diesen Wert zu verlieren, kann je nach den Umständen sehr schnell gehen.

Deshalb erfordert es nicht nur Arbeit, das Selbstwertgefühl aufzubauen, sondern jeder muss tagtäglich an seinem Selbstwert arbeiten.

Einigen fällt dies bereits leichter, da Sie schon eine gewisse Zeit damit verbracht haben, anderen fällt es schwerer, weil Sie neu anfangen müssen.

Es können im Leben immer wieder Situationen und Ereignisse aufkommen, die den Selbstwert mindern, Sie können sich nicht vor allem beschützen. Aber es liegt dann in Ihrer Hand, inwieweit Sie Ihren Selbstwert davon beeinflussen lassen. Nach einiger Zeit müssen Sie sich einfach selbst motivieren weiterzumachen. Auf Dauer kann ein niedriger oder im schlimmsten Fall nicht vorhandener Selbstwert zu seelischen Problemen führen, die ohne professionelle Hilfe nur sehr schwer zu beheben sind.

Es ist wirklich sehr wichtig, dass Sie sich jemandem anvertrauen, wenn Sie merken, dass Sie es alleine nicht schaffen Ihren Selbstwert wieder aufzubauen. Es gibt viele Menschen, die Ihnen helfen möchten und die auch speziell für dieses Thema ausgebildet sind.

Sie können diese Zeit, in der Sie an Ihrem Selbstwert arbeiten, auch als einen Neuanfang sehen. Denn wie Sie bemerkt haben können nicht nur persönliche Änderungen auf Sie zukommen, sondern auch Änderungen in Ihrer Umgebung, Ihrem Freundeskreis und sogar in Ihrer Familie. Es wird sicherlich keine leichte Zeit werden, aber Sie werden danach merken, dass der Aufwand es wert war.

Was gibt es bei dem Selbstwert zu beachten?

Wenn Sie Ihren Selbstwert aufgebaut haben und dieser bereits gut gefestigt ist, dann sollten Sie dennoch einige Dinge beachten.

Bauen Sie Ihren Selbstwert so auf, dass er zu Ihnen und zu Ihrem Leben passt. Das bedeutet, dass Sie sich nicht verstellen sollten. Ihr Gegenüber merkt sehr schnell, ob Ihr Selbstwertgefühl gespielt ist, oder ob dieser der Wahrheit entspricht.

Beispielsweise kann eine von Natur aus schüchterne und vorsichtige Person nicht innerhalb von einigen Monaten diese Wesenszüge ablegen. Sie können trotz Ihrer Schüchternheit einen hohen und gesunden Selbstwert besitzen.

Genauso sollten Sie nicht überheblich werden, wenn Sie einen hohen Selbstwert haben. Denken Sie immer daran, Sie sind immer noch Sie selbst. Ihr Charakter und Ihre Art haben sich nicht verändert. Das Einzige was Sie verändert haben, ist der Wert, den Sie von sich selbst haben. Und dieser Wert kann und sollte nicht durch die Meinung von anderen beeinflusst werden.

Spielen Sie daher anderen und besonders Ihnen selbst nichts vor.

Das kann sehr schnell dazu führen, dass Sie ein Doppelleben anfangen und dies kann für Sie viele Nachteile bringen.

Es kann auch dazu kommen, dass Sie durch Ihren Selbstwert neue Kontakte knüpfen aber durch Ihren vorgespielten Selbstwert können diese Kontakte nicht weiter ausgebaut werden.

Überlegen Sie sich daher ganz genau, welche Dinge für Sie in Ihrem Leben wichtig sind, die dazu führen, Ihren Selbstwert positiv zu beeinflussen, ohne das Sie sich selbst verlieren. Sie sollten auch nicht anfangen, sich schlechte Charakterzüge anzueignen, auch wenn Sie durch Ihren neuen Selbstwert ein Hoch in Ihrem Leben verspüren und eventuell neue Aufgaben und Herausforderungen annehmen können.

Beachten Sie auch das Sie nicht an jedem Tag einen gesunden Selbstwert besitzen werden. Jeder hat mal schlechte Tage oder auch Wochen, in denen der Selbstwert ohne äußerliches Einwirken negativ ist. Dies ist aber auch kein Grund in Selbstmitleid zu verfallen oder sich zu viele Gedanken darüber zu machen, dass man jetzt weniger Wert ist. Diese Zeit geht schnell vorbei und es handelt sich nur um eine Phase.

Führen Sie sich immer vor Augen, dass es bei Ihnen vor einigen Wochen oder Monaten noch ganz anders mit Ihrem eigenen Selbstwert aussah.

Vergessen Sie nicht, welche Arbeit hinter Ihnen liegt und was Sie alles neu lernen mussten. Das wird Ihnen dabei helfen immer noch Sie selbst zu bleiben nur mit einem besseren und positiveren Selbstwert.

Leoni Herzig

Wenn Sie mehr über Persönlichkeitsentwicklung lernen möchten, dann besuchen Sie doch gerne mal meine Autorenseite auf Amazon.

(Einfach Leoni Herzig in die Suchmaske eingeben)

Quellen

https://www.zeitblueten.com/mehr-selbstbewusstsein-selbstsicherheit-staerken/

https://www.selbstbewusstsein-staerken.net/uebungen/

https://www.paartherapeut-in.de/blog/was-beeinflusst-das-selbstwertgefuehl/

https://www.psychotipps.com/Selbstwertgefuehl.html

https://www.evidero.de/schlechtes-selbstbewusstsein-test

https://www.liebe-und-selbstfindung.de/geringes-selbstwertgefuehl-aufbauen/

https://de.m.wikipedia.org/wiki/Selbstwert

https://www.soft-skills.com/selbstbewusstsein/selbstwertgefuehl/

https://www.zeitblueten.com/mehr-selbstbewusstsein-selbstsicherheit-staerken/

https://umgang-mit-narzissten.de/selbstwertgefuehl-staerken/

https://www.gedankenpower.com/selbstwertgefuehl-staerken/

https://karrierebibel.de/selbstwertgefuehl/

Haftungsausschluss und Impressum

Der Inhalt dieses Buches wurde mit sehr großer Sorgfalt
erstellt und geprüft.
Für die Richtigkeit, Vollständigkeit und Aktualität des
geschriebenen kann jedoch keine
Garantie gewährleistet werden.

Sowie auch nicht für Erfolg oder Misserfolg bei der
Anwendung des gelesenen.
Der Inhalt des Buches spiegelt die persönliche Meinung
und Erfahrung des Autors wider.
Der Inhalt sollte so ausgelegt werden, dass er dem
Unterhaltungszweck dient.
Er sollte nicht mit medizinischer Hilfe verwechselt
werden.

Juristische Verantwortung oder Haftung für
kontraproduktive Ausführung oder falsches
Interpretieren von Text und Inhalt wird nicht
übernommen.

Impressum
Autor: Sandra Baulich
vertreten durch:
Markus Kober
Kreuzerwasenstraße 1
71088 Holzgerlingen

www.ingramcontent.com/pod-product-compliance
Lightning Source LLC
Chambersburg PA
CBHW031143250726
48655CB00002B/807